…OGRAPHIES PARISIENNES

LES

CHARNIERS

DES ÉGLISES DE PARIS

PAR

L'ABBÉ VALENTIN DUFOUR

DU CLERGÉ DE PARIS

SAINT-SÉVERIN

PARIS
A. LAPORTE, LIBRAIRE-ÉDITEUR
43, RUE DES SAINTS-PÈRES.

1884.

LE CHARNIER

DE

SAINT-SÉVERIN

MONOGRAPHIES PARISIENNES

LES CHARNIERS DES ÉGLISES DE PARIS

PAR

L'ABBÉ VALENTIN DUFOUR

DU CLERGÉ DE PARIS.

SAINT-SÉVERIN

PARIS

A. LAPORTE, LIBRAIRE-ÉDITEUR

43, RUE DES SAINTS-PÈRES.

1884.

LES

CHARNIERS DES ÉGLISES DE PARIS

RECHERCHES HISTORIQUES ET ARCHÉOLOGIQUES
SUR LEUR ORIGINE, LES PERSONNAGES QUI Y ÉTAIENT INHUMÉS,
LES MONUMENTS QUI LES DÉCORAIENT.

Les origines des charniers sont très obscures, nous ne nous occupons ici que de ce qui concerne ces monuments tels qu'ils étaient en usage à Paris, on verra par la suite de cette étude que leur institution est due à une idée chrétienne de respect pour les morts et leurs restes ; on y trouvera l'expression de ce sentiment se développant à travers les âges : ce serait sortir de notre sujet que de rechercher ce qui se pratiquait dans les pays catholiques aux mêmes époques, les documents ne manquent point. Nous avons dû ici nous borner à donner l'étymologie du mot qui, indépendamment de son sens général, a ici une acception propre, et de faire voir les transformations subies par les charniers, selon les usages et les coutumes des diverses époques de l'histoire, pour ne pas y revenir en retraçant l'histoire de chacun d'eux.

Le moine Raoul Glaber [1], chroniqueur du XIe siècle, nous parle le premier des charniers dans le passage suivant : « Le grand nombre des morts ne permettait pas de songer à leur sépulture, et

[1] Tunc nihilominùs è cadaveribus mortuorum, passim, qua multitudine, sepulturâ carentibus, lupi adescati, post longum tempus, prædam cœpere ex hominibus : et quoniam ut, diximus sepeliri singulatim ob multitudinem non quibant, constructa in quibusdam locis à Deum timentibus, quæ vulgò dicuntur *carnaria*, in quibus quingenti, et eò ampliùs, seu quantùm capere poterant, permixtum, absquè ordine projecta sunt, seminuda, vel absque tegminibus, defunctorum corpora : trivia quoque et agrorum succisiva pro cæmeteriis habebantur. Radulphus Glaber. *Historiarum libri* IV, cap. IV. De fame validissima quæ contigit in orbe terrarum, anno 1033. Voir *Recueil des Historiens des Gaules*. Paris, 1740, t. X, p. 49.

les loups attirés depuis longtemps par l'odeur des cadavres vinrent enfin déchirer leur proie. Comme on ne pouvait donner à tous ces morts une sépulture particulière à cause de leur grand nombre, des hommes pleins de la grâce de Dieu, creusèrent dans quelques endroits des fosses, communément appelés *charniers*, où l'on jetait cinq cents corps, et quelquefois plus, quand ils pouvaient en contenir davantage. Ils gisaient là, confondus pêle-mêle, demi-nus, souvent même sans aucun vêtement. Les carrefours, les fossés dans les champs, servaient aussi de cimetières [1]. »

Durand de Mende ne parle pas expressément des charniers, quoiqu'on ait affirmé le contraire : « On doit enterrer tout chrétien auprès de l'église, dans le parvis, les galeries et les voûtes extérieures de l'édifice, ou dans le cimetière [2]. »

Du Cange cite les formes *carnerium*, espagnol *carnero*, et *charnerium*, avec le sens générique de cimetière et plus spécialement d'ossuaire [3].

Dans une charte de 1327 on lit : « Ad opus retentionis ac supportationis onerum ecclesiæ SS. Innocentium et *charnerii* ejusdem. »

Dans un autre ouvrage [4], il donne aux mots *carnel*, *carner*, la signification de charnier, cimetière :

En un *carnel* ourdenaz que hom les fort.
Chanson de Roland. Stance 208, v. 5.
Ad un *carner* semprès les unt portet.
Chanson de Roland. Stance 209, v. 4.

Raynouard donne le même sens aux exemples qu'il cite [5] :

.....En l'armier
S'en vai l'arma et la carn au carnier [6].
B. Carbonnel de Marseille. *Per espassar*.

La *Chronique de Maurigny* nous donne le texte suivant : « Carnarii, qui locus infrà septa ecclesiæ illius ossa continet mortuorum [7]. »

[1] Traduction Guizot. . *Mémoires sur l'Histoire de France*, t. IV, p. 309.

[2] Cuncti debent circà ecclesiam sepeliri, puta in atrio, aut exedris, sive voltis ecclesiæ exteris adhærentibus, aut in cæmeteriis. Guill. Durandi Mim. *Rationale divinorum officiorum*, lib. I, cap. v, n. 12.

[3] *Glossarium mediæ et infimæ latinitatis*. V° CARNERIUM.

[4] Idem *Glossaire français*. V° CARNEL, CARNER.

[5] *Lexique roman*. V° CARN : 13. Carnier, charnier.

[6] « L'âme s'en va au repos des âmes, et la chair au charnier. »

[7] *Chronicon Mauriniacense*, voy. *Recueil des Historiens des Gaules*, t. XII, p. 77.

En Anjou, *carnetum* est synonyme de sépulture [1].

La charte de 1327 citée par Du Cange est un texte parisien pour ainsi dire le point de départ de nos charniers que nous verrons dans les chapitres suivants se développer, se transformer, tout en conservant leur destination primitive d'ossuaire.

Dans un mémoire sur le Pré-aux-Clercs (1619), il est question d'un « mur de refend qui suit le long d'une galerie ou charnier et va se rendre à l'apotiquairie (*sic*), etc. [2]. » Déjà le mot a perdu son sens propre et signifie par extension cloître, galerie.

Au siècle dernier l'auteur d'un dictionnaire d'architecture donne la définition suivante du charnier : « Galerie ou portique qu'on pratiquait autrefois autour des cimetières des paroisses, où on enseignait le catéchisme et dans le comble de laquelle on mettait les os [3] décharnés des morts. On en voit à différentes paroisses de Paris. »

Voici celle de Littré : « Cimetière, lieu où les morts sont déposés : sens tombé aujourd'hui en désuétude. Galerie autour des églises de Paris où l'on donnait la communion aux grandes fêtes. Dépôt des os exhumés des charniers ou cimetières. La pile même des ossements. » M. Viollet-Le-Duc a consacré quelques lignes seulement à ce sujet[4]. »M. Albert Lenoir a été un peu plus explicite, l'humilité du sujet a sans doute empêché ces maîtres de l'approfondir, ce qui nous a permis de glaner après eux. On fit usage des charniers, dit-il, dans les maisons religieuses aussi bien que dans les paroisses : il est probable que c'est à elles qu'on peut en faire remonter l'origine. Le cloître et les autres localités choisies dans l'enceinte pour la sépulture n'offrant qu'une surface très limitée, on dut songer à enlever les ossements desséchés pour faire place à de nouveaux morts. En général, c'était sous les combles des promenoirs des cloîtres, entre les voûtes et la toiture, que se faisait le dépôt des ossements ; l'abbaye de Montmartre a fourni récemment la preuve qu'on établissait aussi le *charnier* sous la couverture des

[1] *Chronique des églises d'Anjou*, p. 279. (Publication de la Société de l'Histoire de France. 1869).

[2] Ed. Fournier. *Variétés historiques et littéraires*, t. IV, p. 197.

[3] Roland le Virloys. *Dictionnaire d'architecture. Paris*, 1770, V° CHARNIER.

[4] *Dictionnaire raisonné de l'architecture française du XIe au XVIe siècle*. V° CHARNIER.

bas-côtés de l'église [1]. On appelle charniers, observe l'abbé Pascal, certaines sacristies qui font partie des églises, comme à Paris et ailleurs. Les anciens charniers n'étaient autre chose que des lieux où l'on recueillait les os décharnés des morts. On sait qu'à Paris, comme ailleurs, les cimetières étaient auprès des églises. Ces charniers servent aujourd'hui aux catéchismes, aux réunions des confréries, etc. En quelques lieux de Bretagne, ces charniers portaient le nom de reliquaires, parce qu'on y conservait, en effet, les reliques [2]. On a trouvé également un dépôt d'ossements sous les combles des voûtes de Saint-Germain l'Auxerrois, qui n'a pas d'autre origine que le trop plein des caveaux de cette église.

Dès l'origine les charniers ont été construits dans un but de piété pour recueillir les ossements des pauvres, des délaissés, de tous les trépassés, ordinairement par des personnages notables ou de riches bourgeois, par esprit de charité, non par *désespérance* comme on l'a faussement insinué. Au XIe siècle, Raoul Glaber nous a dit *qu'ils ont été bâtis par de pieuses âmes pour enterrer les morts*. Arnoult *Estable* († 1409), charpentier et bourgeois de Paris, fit exécuter un charnier pour *héberger les os des pauvres trespassés* (cimetière des Saints-Innocents). Le maréchal de Boucicaut († 1421), *qui moult volontiers ayde à secourir couvents et églises*, fit construire les *beaux charniers qui sont autour du cimetière vers la Drapperie*. (*Sa Vie*, édit. Godefroy). Guillaume Tireverge, conseiller du Roy († 1432), avec sa femme, fonda et fit faire un charnier *en l'honneur de la Sainte Trinité* et de toute la cour du Paradis, pour y mettre les ossements de tous les trespassés dont les corps ont été ou seront enterrés au cimetière de céans (Saints-Innocents). Combien d'autres bienfaiteurs dans le même esprit de charité font *refaire les vieux charniers* (Saints-Innocents), augmenter la fondation de ces chapelles; font faire cette arche icy (cimetière Saint-Paul), dont on retrouvera les noms dans le cours de cet ouvrage et qui tous vivaient aux XIVe et XVe siècles, époque où la construction des charniers prit un nouvel essor.

On aurait pu, ce semble, en entourant les cimetières de murs, à la fin du XIIe siècle, aux Innocents, par exemple, y établir des

[1] Albert Lenoir, *Architecture monastique*, t. II, p. 440.

[2] *Origines et raison de la liturgie catholique*, collection Migne. 1844. Vo SACRISTIE, col. 1120.

charniers, cependant deux siècles vont encore se passer avant que nous ne les voyions s'élever d'une manière régulière, générale, fixe et monumentale, certainement par défaut d'espace, mais aussi peut-être par une autre raison qu'il est difficile d'apprécier après le silence des contemporains.

Pulvis es et in pulverem reverteris [1], tel fut un des châtiments infligés à l'homme révolté après la chute originelle, mais qu'il s'est efforcé d'atténuer autant qu'il a pu. Dieu avait voulu le punir dans son orgueil en l'humiliant, il s'est ingénié à éluder la sentence. Il suffirait pour le prouver de rappeler les phases de la sépulture chrétienne où cette loi, qui est admise en principe, est niée constamment par les faits. L'esprit humain se révolte contre la destruction et, la vanité aidant, cherche à ne pas se commettre avec les morts de peu d'importance : ce que le satirique grec Lucien reprochait au IIIe siècle à ses contemporains dans ses *Dialogues* se réalise encore de nos jours. Sous prétexte de piété on a voulu se faire inhumer dans les catacombes, dans les églises auprès des corps saints, ou avec de la terre rapportée des Lieux Saints, et lorsqu'on a été forcé de se conformer à la règle commune, on a inventé, pour sortir de l'ordinaire, les édicules, les chapelles cimetérales, les *charniers* en un mot, comme aujourd'hui on affecte d'avoir une *concession à perpétuité* dans une des nécropoles de la grande ville. Bientôt l'arcade est devenue par esprit d'association et d'imitation ou par amour du lucre une galerie, que l'on fermera d'abord et que l'on couvrira ensuite, plutôt pour les autres que pour soi-même; par vanité, non par piété, et les pauvres morts, pour lesquels ils avaient été construits primitivement, seront ou relégués au galetas ou oubliés. La mode des charniers semble avoir pris origine avec le XIVe siècle, néanmoins on ne peut, faute de documents, leur donner une date antérieure. Ils paraissent dans la première moitié de ce siècle être restés à l'état rudimentaire; vers la fin de ce même siècle ils prennent une importance qui va toujours croissant jusqu'au milieu du XVe siècle. Au XVIe on s'en sert encore, on en use, on les encombre, on continue à les orner de pierres, d'épitaphes, peintures, sculptures, écussons et inscriptions. Vers la fin du siècle on les décore à l'envi d'admirables *verrières* peintes et historiées :

[1] Genes., cap. III, v. 19.

l'engouement est tel qu'on préfère donner un panneau pour une fenêtre des charniers que contribuer par ses libéralités à la décoration ou à l'achèvement d'une autre partie de l'église. Avec le XVIIe siècle, les goûts changent, on éprouve le contre-coup des guerres civiles et religieuses, le souffle de la Réforme a passé par là : ces verrières, qui faisaient l'orgueil et l'admiration de nos pères, sont négligées, mutilées, changées ; on les accuse de ne pas laisser passer suffisamment la lumière, on leur préfère les grisailles ou les simples verres unis ; pourquoi ne pas le dire ? le clergé partage cette erreur et se fait iconoclaste par amour pour l'antiquité et les monuments d'Athènes et de Rome païennes. Ce n'est pas qu'alors et depuis il ne se soit trouvé des artistes, des amateurs, seulement ils sont rares, trop rares pour pouvoir réagir contre le goût du siècle ; si l'on rencontre des peintres verriers comme Le Vieil [1], qui les entretient et les restaure, combien d'iconoclastes qui les déplacent, les brisent et les détruisent. D'ailleurs, si les ornements des charniers sont modifiés, leur destination l'est aussi profondément ; après le XVIIe siècle la coutume d'inhumer sous les charniers tend à se perdre ; on remanie, on modernise. Ces galeries qui servent de lieu de réunion à la fabrique, aux assemblées de charité, aux séances du catéchisme, on y donne la communion les jours de fête, on les orne de fleurs, de tapisseries et de draperies de la couleur du jour selon les solennités ; c'est un appendice de l'église, on y enterre rarement, il est vrai de dire que par contre l'église est devenue un véritable charnier. Maintes fois en entrant dans le lieu saint les contemporains avaient à souffrir des exhalaisons qui s'échappaient des nombreux caveaux, surtout aux changements de temps, il s'en échappait une odeur tiède et âcre que dissipaient incomplètement les jours de fête l'encens et le renouvellement de l'air [2]. Cet état de choses dura jusqu'à la fin du XVIIIe siècle, où l'on s'occupa beaucoup de la question des cimetières ; on supprima ceux de l'intérieur, on ferma leurs charniers ; bientôt à ces sages mesures vint s'en joindre une plus radicale, la révolution qui s'était faite dans les esprits passa dans les mœurs. A sa suite viennent les excès, on

[1] Levieil, parisien (1702-1772), peintre sur verre, a écrit un traité de son art dans l'*Encyclopédie ;* nous avons occasion de parler de lui à propos des charniers de Saint-Etienne-du-Mont.

[2] Mercier. *Tableau de Paris.*

ferme et on détruit églises et charniers sans épargner les œuvres d'art qu'ils renferment, les derniers iconoclastes achèvent ce qui avait échappé au vandalisme de la Réforme et du clergé pendant les deux siècles précédents. Le siècle qui suivra rejettera loin des habitations les cimetières de la grande ville et relèguera ses anciens ossuaires dans les catacombes où ils étaient placés à l'origine de l'Eglise.

Le hasard nous a donné l'occasion de traiter une matière à peu près inconnue du public.

Nous nous bornerons à traiter séparément dans cinq chapitres des grands charniers : Saint-Séverin, Saint-Etienne du Mont, Saint-Benoît, les Saints-Innocents, Saint-Paul, et dans un sixième et dernier des petits charniers qui ont une moindre importance : Saint-Côme, Saint-Eustache, Saint-Germain-l'Auxerrois, Saint-Gervais, Saint-Jacques-la-Boucherie, Saint-Jean-en-Grève, Saint-Louis-en-l'Ile, Sainte-Marguerite, Saint-Médard, Saint-Nicolas des Champs, Saint-Philippe du Roule, Saint-Sulpice. Chaque chapitre comprendra quatre paragraphes : origines du charnier ; personnages qui y furent inhumés ; description des vitraux et autres objets d'art ; pièces justificatives.

I.

SAINT-SÉVERIN.

I. ORIGINES ; FONDATIONS ; DESCRIPTION DES CHARNIERS.

Depuis longtemps, sur la rive droite de la Seine, Paris comptait deux charniers, véritables monuments, modèles du genre, et la rive gauche n'en possédait aucun ; il est à ce fait des causes multiples : d'abord le quartier de l'Université, primitivement formé par le morcellement des jardins du palais des Thermes, devenus des clos, n'avait été fréquenté, construit et fréquenté que depuis que les écoles de la cité y étaient venues s'y installer, c'est-à-dire vers le XIIe siècle : sa population n'était pas la plus aisée de Paris. Pour Saint-Séverin en particulier, une raison avait pu déterminer la fabrique de l'œuvre à la modestie, le peu d'étendue de ses ressources, à ce point, qu'en 1347 le pape Clément VII avait dû concéder des indulgences spéciales pour faciliter l'achèvement de l'église. Nous en signalerons une autre : l'exiguité de l'enclos de son cimetière, n'ayant pas la moitié de l'étendue qu'il acquit depuis ; en effet, il était borné dans sa partie méridionale par l'hôtel des Eschallis. Nous savons par un acte du 15 juillet 1410, certificat sur parchemin délivré par Jean Amé, notaire au Châtelet, mentionnant un accord entre l'abbé de Chaaliz et les marguilliers de Saint-Séverin à raison d'une *allée joignant le cimetière de ladite église*, portant que les marguilliers ont payé audit abbé la somme de 200 livres pour le passage de la rue de la Parcheminerie donnant entrée au cimetière de Saint-Séverin, car ce passage dont il est ici question, véritable servitude pour les propriétaires qui aliénaient partie de leur fonds, existait entre le cimetière primitif et l'hôtel des Eschalliz, dont l'histoire de 1243 à 1488 est intimement liée à celle de la paroisse de Saint-Séverin [1]. Ce domaine fut acquis par la fabrique, sur son emplacement furent créés de nouveaux terrains pour le cimetière, mais le passage intérieur fut maintenu sous forme d'allée jusqu'à sa fermeture, elle aboutissait à une porte intérieure de l'église, et lors de la construction des chapelles du bas côté méridional, dont il sera mention plus loin, on établit à la hauteur de la quatrième travée une porte de communication, qui existe encore aujourd'hui.

Primitivement petite chapelle ou oratoire, le premier bâtiment de Saint-Séverin fut détruit dans les incursions des Normands ; on en commença un nouveau après leur départ, mais les travaux souvent suspendus n'étaient pas encore bien avancés au XIVe siècle.

On trouve dans le cartulaire de l'évêché [2] que la fabrique de l'église de Paris, qui devait vingt-cinq livres de rente à l'Hôtel-Dieu, lui céda, au mois de décembre 1243, une maison qu'elle avait au chevet de Saint-Séverin. L'Hôtel-Dieu la donna, par échange, à l'évêque de Paris, au mois de juillet 1246, ce qui fut ratifié par le chapitre ; et l'évêque la rétrocéda, le même mois, aux religieux des Eschallis : *Abbati et Conventui de Eschalleis*. Sauval [3] a confondu les religieux de Châlis ou Chaalis (*Caroli locus*) au diocèse de Senlis, avec ceux des Eschallis [4] (*Eschaleium*, *Scar-*

1 Pièces justificatives, n° 1.
2 Voy. Pièces justificatives I.
3 Sauval, *Antiquités de Paris*, t. II, p. 269.
4 Jaillot, *Recherches sur Paris*, quart. Saint-André-des-Arcs, t. V, p. 132-133.

lęia)[1]. Cette erreur a été partagée par les savants rédacteurs du cartulaire de Notre-Dame de Paris, qui dans leur index géographique au mot ESCHALLIS renvoient à CAROLI LOCUS, et par Berty qui dans son plan de restitution a inscrit : Hôtel de Châlis ou de l'Image Notre-Dame. Cette maison, rachetée plus tard (1488) par la fabrique de Saint-Séverin, permit de construire les chapelles de l'aile droite et celles qui sont derrière le sanctuaire et d'agrandir le cimetière tel que nous le voyons.

Ce n'est qu'à partir du XVe siècle qu'on peut affirmer la construction des charniers de la paroisse ; à défaut de documents écrits, de comptes, de délibérations de la fabrique qui ne sont pas parvenus jusqu'à nous, il y a le caractère architectonique qui impose à ce monument son cachet, nous aurions mieux aimé avoir trouvé une date précise. L'établissement du passage concédé par l'abbaye des Eschallis pour faire communiquer la rue de la Parcheminerie avec le bas côté méridional de l'église et longeant le cimetière exigu de Saint-Séverin n'a dû précéder que de peu d'années l'acquisition de l'hôtel des abbés des Eschallis. On peut donc, sans craindre de faire une grande erreur de date, placer la construction des charniers vers la fin de la première moitié du XVe siècle, alors que Paris, délivré de la domination anglaise, commençait à réparer ses blessures et à prendre un nouvel essor. Les galeries du cloître ou charniers entouraient le nouveau cimetière à l'est, au sud et au nord en partie seulement. Au nord, d'après un ancien registre cité par l'abbé Lebeuf, l'érection des chapelles du collatéral méridional de l'église avaient diminué d'autant l'ancien cimetière paroissial qui venait de s'étendre en profondeur vers la rue de la Parcheminerie et était la conséquence de cette augmentation. « En 1478, le 12 février, on commença la besogne de mettre les chapelles dehors du côté du cimetière par Micheaul le Gros. » Le 12 mai de la même année on posa la première pierre de l'aile droite et des chapelles derrière le sanctuaire. L'érection de la galerie des charniers est antérieure de quelques années à ces grands travaux; les détails d'architecture portent leur date avec eux, quand bien même nous ne saurions pas qu'à cette époque se faisait le grand travail de transformation des

[1] Aujourd'hui Les Echarlis, département de l'Yonne, arrondissement de Joigny, canton de Charny, commune de Villefranche ; un écart porte le nom de Vieux Eschaslis, écrit quelquefois Les Eschaalis.

charniers parisiens. A notre époque de centralisation administrative nous avons peine à comprendre l'initiative, soutenue un peu par l'amour-propre, qui s'emparait de la personne morale qui avait nom la fabrique, la confrérie, la corporation, après avoir réalisé l'idéal du charnier monumental, à galerie de pierres avec sculptures, on voulait l'orner de tableaux, d'épitaphes, puis en fermer les baies avec des vitraux peints, le sol sera bientôt dallé, les clefs de voûte historiées, en attendant que la nudité des murs disparaisse sous les tapisseries de haute lice dont on le décorera aux jours de fête carillonnée. Le charnier, celui de Saint-Séverin en particulier, n'a pas toujours été réservé aux usages funèbres, nous allons voir bientôt que le bureau de l'œuvre y tenait séance, y acclamait ses membres, jusqu'à ce qu'on en fît un accessoire de l'église, dans lequel on distribuait aux fidèles la sainte communion et qu'une partie était affectée aux catéchismes et aux petites écoles de la paroisse. Le charnier de Saint-Séverin ne paraît pas avoir été, comme celui des Saints-Innocents, le rendez-vous des oisifs, des nouvellistes, le refuge des gens sans asile et sans aveu, la foire aux vanités, le vestibule des écrivains publics, le lieu d'exposition permanente des libraires qui vendaient les nouveautés, et des industriels de bas étage.

Comme on peut le voir par le plan, la figure du charnier de Saint-Séverin n'était ni régulier ni symétrique, ce qui constitue son originalité dans le fond et dans les détails assez typiques du reste. Selon l'usage et la disposition des lieux, les charniers affectaient la forme de cloîtres ou galeries couvertes, plus ou moins régulières, embrassant le cimetière au moins de trois côtés, l'église formant le quatrième côté du quadrilatère; toutes les baies ou ouvertures étaient tournées intérieurement du côté du cimetière, souvent on les fermait par des vitraux; les charniers de Saint-Séverin, qui n'en avaient pas à l'origine, n'en reçurent que fort tard et par circonstance. De forts piliers saillants faisaient fonction de contre-forts et maintenaient de ce côté la poussée des voûtes.

Quand on détruisit deux arcades du charnier pour élever la chapelle de la communion, on conserva le dernier pilier qui devait supporter le mur de refend et on se contenta d'en équarrir la base de toute la quantité qui aurait pu faire saillie, comme l'a très bien fait remarquer M. Rohault de Fleury, en relevant sur place le plan

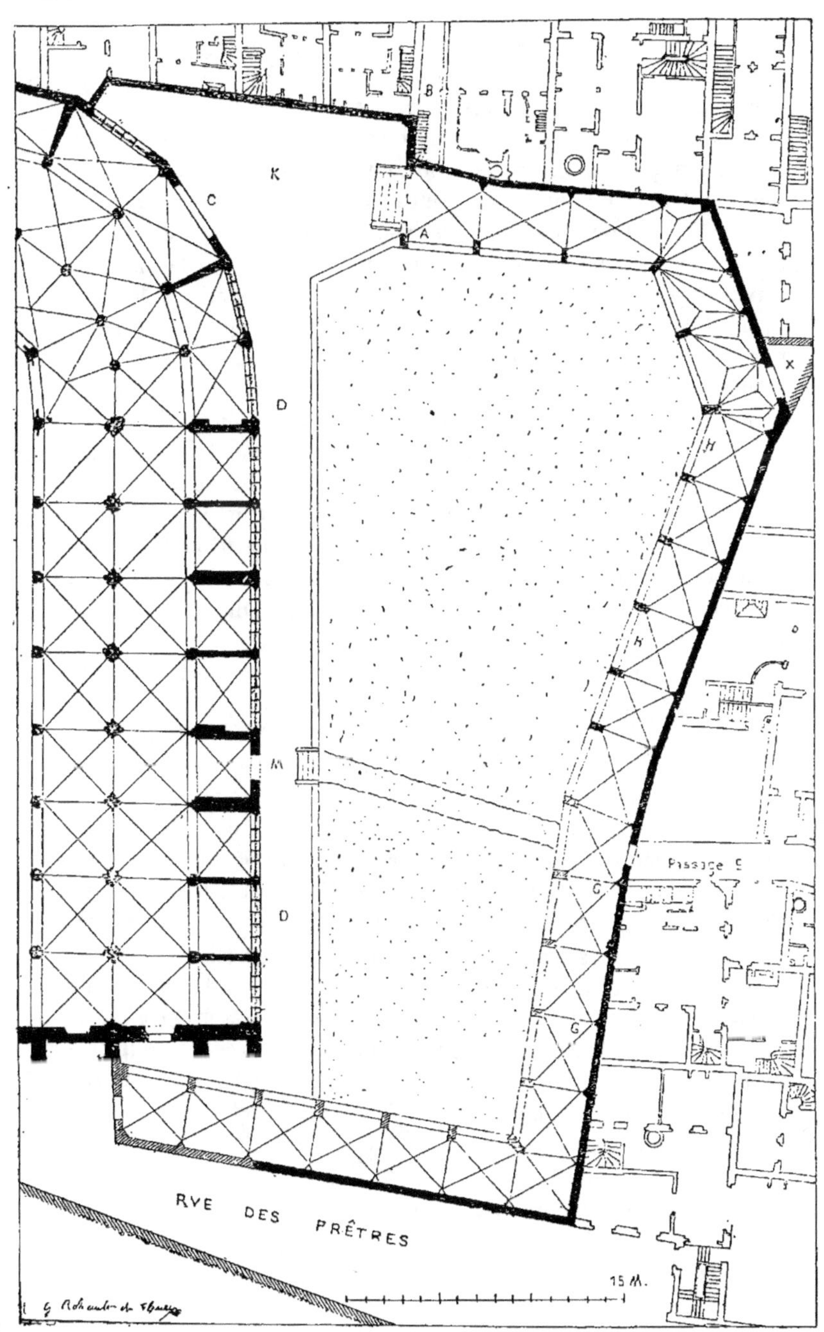
K
C
B
A
D
X
H
M
Passage
G
RVE DES PRÊTRES
15 M.

qui accompagne cet article. « La façade de chacun de ces piliers, dit M. Albert Lenoir, en parlant du charnier de Saint-Séverin [1], est finement décorée d'armatures légères et surmontée d'une pointe portant des feuilles contournées, de longues gargouilles ou gouttières ornent ces piliers. Les arcades formant des travées entre ceux-ci sont construites en angles aigus encadrés de moulures et supportées à la hauteur d'impostes par des colonnettes appuyées contre les piliers. Ces colonnettes reposent sur un bahut en pierre fermant les travées et s'appuyant contre les parties latérales des piliers. »

M. Georges Rohault de Fleury, notre confrère, a bien voulu dessiner pour le *Bulletin* une vue des charniers dégagée des constructions modernes qui les dissimulent ; à gauche, on voit la troisième travée de la galerie A et les suivantes en retour d'angle jusqu'en H.

Le plan a été dressé d'après celui de Vasserot dont M. G. Rohault possède peut-être le seul exemplaire complet, l'ouvrage n'ayant pas été achevé d'imprimer. En X est un retrait dont on ne s'explique pas bien la destination, à moins qu'il n'ait servi de dépôt aux outils du fossoyeur. Ce plan est plus clair et plus exact pour les détails que celui de la *Statistique monumentale*. Les parties noires sont celles qui subsistent encore, celles qui sont claires ont disparu.

Une seule observation : à Saint-Séverin le sol du cimetière et du charnier est plus élevé que celui de l'église, qui se trouve en contrebas, le double emmarchement en L et en M l'indique suffisamment. Une allée DD isole l'église du cimetière ; la perspective, la conservation du monument et l'hygiène prescrivaient cette mesure.

En 1548, le 8 avril, eut lieu la proclamation faite en la galerie vitrée du cimetière, sous les charniers, de Pierre Séguier et Nicolas Guédon, nommés marguilliers [1]. Pierre Séguier est le chef d'une famille de magistrats qui depuis n'a cessé de fournir des hommes d'état intègres et zélés. La paroisse de Saint-Séverin était administrée par Eustache du Bellay, neveu et archidiacre de l'évêque de Paris, Jean VI du Bellay (1492-1560), qui résigna son titre en sa faveur en 1550. Formé par son oncle, lui-même habile administrateur de la paroisse, Saint-Séverin, comme plus tard l'église de Paris, ressentirent les effets de son zèle éclairé. De 1548 et jusqu'en 1617, l'assemblée de la fabrique se tenait tantôt sous les charniers ou

[1] Archives nationales, LL. 934.

galerie vitrée du cimetière, le long de la rue des Prêtres, tantôt à la sacristie ou revestiaire, et jusqu'en 1693 les élections des marguilliers ne se faisaient que sous les charniers, et alors on décréta de

[1] *Statistique monumentale de Paris*, texte, p. 99 ; atlas, t. I, pl. VIII

les faire au bureau, ce qui eut lieu pour les élections de 1694.

En 1548, par délibération du 20 janvier [1], pouvoir fut donné au bureau de faire continuer les charniers jusque près du presbytère situé rue Saint-Séverin, ainsi que la principale entrée de l'eglise et la maison des Filles de Sainte-Marthe destinées à l'instruction des pauvres filles [2].

Si les galeries du charnier de Saint-Séverin ont moins souffert que celles de Saint-Paul, dont il sera parlé dans une prochaine livraison, elles ne sont pas restées à l'abri des mutilations, elles ont été englobées dans certaines dépendances de l'église ou dissimulées par des constructions voisines où il faut aller les chercher. Dès 1608, une délibération de la fabrique constatait que des réparations au charnier étaient nécessaires.

Avant de parler de ces travaux de réparation des charniers, nous allons parler de menus faits ayant trait aux charniers et complétant leur histoire, d'après les archives anciennes de la paroisse.

On décide qu'une tapisserie sera faite pour orner la partie des charniers où l'on administrait la sainte communion. (Délibération du 20 mai 1617) [3]. Il faut arriver jusqu'en 1672 pour trouver mention des charniers; le 23 avril de cette année on posa les fondements de la chapelle du Saint-Sacrement, qui fut bâtie sur l'emplacement des deux premières travées des charniers contiguës au chevet de l'église, aujourd'hui chapelle du Sacré-Cœur. (Voy. plan K.) La chapelle qui servait d'entrée ou de vestibule dans l'église fut conservée, mais l'ogive fut remaniée; on la remplaça par un arc surbaissé, dans le goût de l'époque et le style de la nouvelle construction. C'est dans ce vestibule que se trouve la pierre tombale de J. B. Altin, reproduite page 23.

L'année suivante le maçon de la fabrique propose de paver à ses frais le charnier et de ne recevoir que son dû. On accepte cette offre peu ordinaire (*Délibération* du 27 août 1673). A deux reprises différentes cette année, le conseil de fabrique doit s'occuper des réparations à faire aux charniers (*Délibérations* des 17 avril et 23 mai 1674): dans cette dernière séance on vote la fermeture des charniers. Encore paraît-il que, depuis un certain temps, on n'y enterrait qu'à de rares

[1] Archives nationales, S. 3508.
[2] Jaillot. *Recherches sur Paris*, t. V, quartier Saint-André-des-Arcs, p. 135.
[3] Archives nationales, LL. 934.

intervalles. Dans le paragraphe suivant, *Personnages enterrés sous charniers*, le dernier personnage en date dont nous ayons relevé l'épitaphe est de J. B. Altin (1640), dont la pierre tombale se trouvait dans le vestibule des charniers. Comme on peut remarquer que la mort du premier personnage dont la mention soit arrivée jusqu'à nous remonte à l'année 1462. En tenant compte des épitaphes égarées, détruites ou inconnues, les dates extrêmes sont 1462 et 1640, ce qui donne deux siècles environ pendant lesquels on se servit des galeries de Saint-Séverin pour les sépultures de famille ou réservées.

La décision de la fabrique portant fermeture des charniers devait être suivie d'autres mesures qui en étaient la conséquence. Le passage du cimetière à la rue Saint-Jacques au travers des charniers fut alors fermé; la partie la plus proche de la chapelle de la communion fut réservée aux inhumations, ainsi que la cave elle-même, K. (*Délibération* du 10 mars 1675). Pendant un laps de vingt années on ne paraît pas s'être beaucoup occupé des charniers, qui avaient d'ailleurs perdu beaucoup de leur importance depuis que l'on n'y inhumait plus personne. A la date du 5 décembre 1694, la fabrique ordonne différentes réparations sous les charniers; de plus, une porte fut placée dans l'enfoncement de la chapelle du Saint-Sacrement ou de la Communion, K.

A la date du 28 novembre 1699, les registres de la fabrique font mention d'une donation faite par M. Girard, consistant en vitraux représentant la *Flagellation de Notre-Seigneur*, pour l'arcade des charniers que l'on bouche et conduisant rue Saint-Jacques. Déjà en 1675 on avait fermé ce passage; en 1699 on le condamne complètement. Le même M. Girard, qui n'est pas autrement qualifié, concessionnaire de la chapelle Saint-Martin dans l'église, en fit retirer les vitraux de couleur et les fit remplacer par des vitres blanches (1699). Il n'est pas dit qu'il en orna les charniers.

Nous arrivons sans transition au XVIIIe siècle. Le charnier a cessé d'être un lieu d'inhumation; il va devenir un simple cloître. Un extrait du registre des délibérations du conseil de fabrique du 1er janvier 1770 nous apprend que M. Pierron a représenté à MM., qu'en conséquence de l'arrêt de nos seigneurs du Parlement du 20 mars dernier, la chapelle des Brinon [1] a été réparée et ornée; que

[1] Procureur au Châtelet et Jeanne de Boislève, sa femme, ont fait verrière et tombeaux. Archives nationales, S. 3508.

pour ce faire, et la mettre comme les autres, il a été nécessaire d'enlever différentes épitaphes qui par leur multiplicité et ancienneté formaient un point de vue désagréable ; que dans différentes assemblées, tant générales que particulières, il a été convenu que toutes ces épitaphes seraient conservées et mises dans un lieu apparent, afin que le nom et la mémoire des fondateurs et de leurs descendants fussent conservés ; qu'il n'a pas trouvé d'endroit plus convenable à les placer que dans les charniers, auprès de l'escalier du bureau, adossées au cimetière où elles ont été déposées[1]. » En 1846, des inscriptions de fondation s'y trouvaient encore. Que sont-elles devenues? Suit la demande d'approbation du règlement visé par M. Poullain, architecte de l'école de Soufflot, alors en honneur pour la plus grande destruction de nos monuments religieux du moyen âge. Le nom de Poullain ne se trouve pas dans différents dictionnaires d'architectes et d'artistes que nous avons consultés ; nous savons par d'autres documents qu'il avait succédé comme architecte de la paroisse à Godin, qui avait joui de cette charge de 1765 à 1769[2].

On a pu remarquer que la chapelle de la communion datait de 1672 ; antérieurement il y avait un autel de la communion en la chapelle Notre-Dame de Pitié, derrière l'autel du chœur. Pour éviter le désordre, aux fêtes solennelles, après la procession du matin, « on administre, dit un coutumier [3], la communion sous la première partie du charnier de la dite église, devers la chapelle du Saint-Esprit ». Et, « pendant les prières des XL heures, le mardi, procession sous les charniers, où est porté le saint Sacrement. Le premier jeudi du mois, procession solennelle sous les charniers et autour de l'église[3]. » On sortait de l'église par le vestibule des charniers C, on traversait la chapelle de la communion K, on entrait sous la branche des charniers parallèle à la rue Saint-Jacques L, on suivait le retour d'angle qui reliait ce petit charnier à la grande galerie H G, on gagnait par la galerie parallèle à la rue des Prêtres l'allée D, et on rentrait par la porte M, dont on pouvait encore faire le tour en suivant les bas côtés de la nef et le déambulatorium du chœur. C'était un vaste champ où l'on pouvait déployer les pompes

[1] Archives nationales, LL. 933.
[2] Archives nationales, L. 933.
[3] Martyrologe de Saint-Séverin, p. 109. Archives nationales, LL. 938.

du culte et où le peuple pouvait suivre l'officiant et le clergé sans sortir de l'église. Le passage M existait déjà avant l'érection des chapelles de ce côté élevées, comme nous avons vu, en 1489. Dans le tympan de la porte se trouvait une sculpture ; dans la restauration moderne qu'on en a faite, on y a placé un saint Jean-Baptiste, qui n'a pas sa raison d'être ; il est bien sûr que l'artiste du xve siècle n'eût pas commis cette hérésie de placer arbitrairement un saint qui n'est ni le patron de l'église, ni celui sous lequel on plaçait la protection des cimetières : c'est l'archange saint Michel qui devrait y figurer, au lieu du Précurseur prêchant dans le désert. Revenons aux diverses restaurations faites aux charniers dans le cours du XVIIe siècle.

Deux siècles ne s'étaient pas écoulés et déjà ce gracieux monument avait été déformé ; on y avait construit des logements pour les prêtres de la paroisse, et pour ce faire on avait placé en saillie un corps de logis surplombant le cimetière, le même qui aujourd'hui sert de lieu de réunion aux assemblées de charité. On peut s'imaginer ce que cette appropriation dut causer de préjudice à la construction primitive, qui n'avait pas de fondements assez profonds pour supporter cette surcharge. Dans les premiers temps, par incurie ou insouciance, on s'en préoccupa peu ; mais au milieu du XVIIe siècle les administrateurs de l'église durent aviser.

Les anciens comptes de la fabrique nous fournissent des renseignements qui nous montrent l'étendue du mal. On trouvera plus loin *in extenso* ces documents aux pièces justificatives ; nous en extrayons les passages suivants : Le 22 février 1664, un architecte et trois marguilliers sont députés pour la « visite du gros œuvre et des bâtiments élevés depuis plusieurs années sur partie des charniers au pourtour dudit cimetière ». Malgré leur rapport, on ne fit pas les grosses réparations et on ne s'occupa pas de couvrir les galeries avec « des dalles de lyais [1] ». Le remède eût été pire que le mal. Le 14 juillet de l'année suivante (1665), nouvelle visite et nouveau rapport d'experts [2] ; la surcharge avait fait écarter les piliers qui menaçaient de tomber dans le cimetière ; *le maître juré ès œuvres de massonnery* propose de démolir deux piliers et de les reconstruire à neuf avec des fondations plus solides. Le 29 avril 1674, on

[1] Pièces justificatives, n° II.
[2] *Ibid.* n° III.

demande derechef une visite des bâtiments étayés, ensuite la construction, dans le cimetière, de piliers boutants, comme nous apprend un nouveau rapport [1], et la reconstruction de l'ogive dans les charniers où des charpentes et étaies embarrassaient la circulation. Le 2 juin, le curé et le nouveau maître maçon viennen constater que les fondations sont trop légères pour supporter le bâtiment d'habitation élevé trop en saillie, ce qui fait écarter les voûtes trop faibles pour porter cette surcharge mal équilibrée. Survient un sieur Convers, un maçon, c'en était bien un, cette fois, qui propose d'appliquer les grands moyens : « *l'emploi de bonne chesne* (sic), *de fer, d'empattements de mortier de chaux et de sable, de bonne pierre d'Arcœuil* [2], » et autres recettes du métier, qu'on ne paraît pas avoir mis en usage, ce qui n'empêcha pas qu'on lui adjugea pour sa consultation, par délibération du 10 juin 1674, *six livres* (6 l.) *pour son dérangement et sa consultation.* On trouva probablement mieux et cette partie du charnier fut conservée.

L'expérience de l'année précédente avait probablement fait réfléchir MM. les marguilliers, car un autre maçon, un nommé Durocher, avait pavé les charniers, mais construit aux dépens des charniers la chapelle du Saint-Sacrement, dite de la Communion, à l'endroit où les mêmes charniers se soudaient à l'église, sur l'emplacement de la chapelle de Saint-Mammès élevée en 1491.

Ce manœuvre allait vite en besogne ; d'ailleurs l'emplacement ne lui faisait pas défaut, mais s'il démolissait rapidement et remplaçait un monument par une maison, il se faisait bien payer. Voici son compte d'après les registres du temps.

Pavés.	400	livres
Maçonnerie.	4,500	
Plomb.	1,442	
Charpente	750	
Peinture.	805	
Virière	600	
Total	8,497	livres

[1] Pièces justificatives, n° IV.
[2] *Ibid.* n° V.

Pour une bâtisse sans caractère, c'était beaucoup d'argent. On eût pu mieux l'employer.

De cette chapelle, on entre dans la première travée des charniers au point de rencontre des branches du nord et de l'est affectées aux catéchismes de la paroisse. Il y a environ quatre ans (vers 1865), on a été mieux avisé : cette salle étant devenue insuffisante, on s'est contenté, sans detruire les piliers, de l'étendre dans l'ancien cimetière (aujourd'hui jardin du presbytère), et d'en faire un parallélogramme régulier. Un martyrologue du XVIIe siècle fait mention de l'image du grand crucifix sous les charniers. Y avait-il d'autres monuments? il est permis d'en douter, et voici pourquoi. Nous avons trouvé aux Archives nationales un volume servant de table alphabétique ou de répertoire aux délibérations de la fabrique depuis le XVIe siècle, avec un abrégé du procès-verbal, des dates, et le renvoi à une autre séance; quand le sujet avait été traité à nouveau, il y avait très peu de choses sur les charniers, et rien absolument sur leur décoration ou les personnages qui y étaient inhumés. S'il existe dans ce registre des documents de cette nature, nous n'avons pas eu le bonheur de les rencontrer dans nos recherches. Nous donnons plus loin, d'après les épitaphiers de Paris que nous avons dépouillés, les noms des personnages inhumés sous les charniers et les comptes concernant ces monuments qui nous ont paru offrir quelque intérêt.

Terminons cette étude sur le charnier de Saint-Séverin par des extraits du règlement imposé aux serviteurs de l'église et qui nous feront connaître quelques-uns des usages qui s'y observaient; il est intitulé Règlement général pour les droits de la fabrique, du 19 avril 1637 [1].

Pour l'ouverture de la terre sous les charniers, il est dû à la fabrique 50 s.; idem au fossoyeur, 40 s. Le premier bedeau est fossoyeur. Il fera porter ou portera les représentations, herses et chandeliers pour les services. Il sera tenu aux quatre fêtes solennelles de l'année et quatre jours avant chacune d'icelle, réparer à ses dépens l'aire des aisles de la dite église et des charniers, sans que pour cela il puisse rien demander à l'œuvre. On ne doit faire aucune fosse dans l'église ou sous les charniers, ni dans le cimetière, qu'elle n'ait au moins trois pieds de profondeur. Les corps, venant des maisons

[1] Martyrologe de Saint-Séverin, p. 4. Archives nationales, G. 3054.

infectées ou soupçonnées de maladies contagieuses, ne seront enterrés ni dans l'église, ni sous les charniers, pour quelque cause ou considération que ce soit. Il (le bedeau) portera le bénitier quand on fera l'aspersion dans l'église ou sous les charniers. Il fera nettoyer ou râtisser par lui ou par un autre les charniers quand il en sera besoin. Défense aux enfants de chœur de faire des quêtes sous les charniers durant l'administration de la communion, pas même le jour de Pâques. Pour les quêtes de la fabrique, on placera deux tables et deux bassins, l'un à l'entrée des dits charniers et l'autre proche de la porte du bureau pour recevoir ce qui sera offert volontairement, sans inviter ni exhorter les assistants à donner aucune chose, non pas même le jour de Pâques, pour le vin de la communion. A Issy [1] se trouvait une vigne dite du *Vin de communion* [2]. Aux Prés Saint-Gervais, paroisse de Pantin, existaient au XVIe siècle les *Vignes prêtresses*, dans le fief Mosby ou Maubey [3]. Cette dernière appellation indique clairement que ce vin était destiné à servir au saint sacrifice de la messe et non à la communion des fidèles sous les deux espèces, usage tombé en désuétude déjà depuis longtemps en France.

II. PERSONNAGES INHUMÉS SOUS LES CHARNIERS D'APRÈS LES ÉPITAPHIERS DE PARIS.

XVe siècle.

FERRET (Hugues), marchand drapier, bourgeois de Paris, 9 juin 1496.
FERRET (Marguerite), sa femme, 25 octobre 1501.

LEMAIRE (Pierre), escuyer, gentilhomme de la Chambre, 8 juin 1462.
VALENCIENNES (Jeanne de), sa femme, 2 juin 1491.

[1] *Ibid.* p. 114.
[2] *Ibid.* p. 16.
[3] Cette vigne, contenant trois quartiers de terre, fut vendue par la fabrique de Saint-Séverin le 17 octobre 1655 à Macé Cognet, marchand de vins, demeurant à Issy à l'enseigne de la *Croix blanche*, elle était située « au lieu dit Tricault, tirant d'une part à l'héritage d'Antoine Mauchelant, de l'autre à Marie de la Roche, par hault à Jean Bourgeois, bourgeois de Paris, par bas au centier (*sic*) des Tricaulx. » Le lieu dit des *Tricots* existe encore aujourd'hui dans la zone militaire du fort d'Issy, entre les glacis et la station de Clamart. (Archives nationales, S. 3505 et 3506. Biens vendus par la fabrique de Saint-Séverin.)

XVIe siècle.

Bomont [1] (Nicolas), marchand et bourgeois de Paris, 9 septembre 1540.

Robine de Cuyndel, sa femme, 14 février 1547.

Bonnemin (Perrine), femme de Jean Jeandouyn, fille de Louis Bonnemin et de Antoinette Sounot, 15 août 1551.

Bruneau (Jean), bourgeois de Paris, marchand de vins, 5 février 1557.

Ménager (Nicole), sa première femme, 15 mars 15...

Pellevin (Estienne), sa deuxième femme, 19 avril 1529.

Bruneau (Pasquette), leur fille, veuve de Lambert de Chaumont, 12 juillet 1588.

Cadier (Guillaume), notaire, 15 février 1587.

Thierri (Catherine), sa première femme, 29 mars 152..

Hénault (Marie), sa deuxième femme, 30 août 1567.

Chasteau (Olivier), 14 octobre 1590.

Ajuy (Françoise), sa femme, 14 avril 1584.

Chasteau (René), leur fils, 2 octobre 1634.

Delez (Valeraud), marchand apotiquaire, le....... 1568. [2]

Chefdeville (Catherine de), sa femme, *s. d.*

Dufour [3] (Philippe), fils de Pierre Dufour et de Jeanne Chastou, enterrés à Saint-Gervais, 26 octobre 1503.

Lemaire (Isabeau), sa femme, 23 mars 1508.

Dufour (Pierre), leur fils, enterré dans l'église, *s. d.* [4].

Garnier (Nicolas), bourgeois de Paris et capitaine de cent archers de la ville, un des vingt-cinq marchands de vin privilégiés, suivant la cour du roi en ses conseils, *s. d.*

Franchemont (Marie de), sa femme, 9 mars 1624, à cinquante et un ans, ils furent mariés trente-quatre ans, et eurent quatre enfants : Barthélemy, Magdeleine, Marie, Marthe.

Guillot (Jacques), poitevin, 12 juillet 1531.

Jeritterm (Jean), prestre, né à Troyes, advocat en la Cour de l'Eglise de Paris, 12 aoust 1529.

Lecomte (Pierre), 8 juillet 1560.

Aubout (Catherine), sa femme, 24 avril 1566.

Lecomte (Marie), leur fille, veuve de Jacques Chérin, 14 janvier 1588.

Lescuyer (François), procureur au Châtelet, 26 août 1503.

Lescuyer (Marguerite), femme de Hubert Gaspard, 30 juin 1633, *s. d.*

Louvet (Jean), marchand et bourgeois de Paris.... février 1584.

Mignot (Louise), sa femme,..... aoust 1582.

Leguien (Louise Magdeleine), femme de Robert Louvet, maître de la poste de Paris, 4 septembre 1608.

Noeau (Marie), femme de Jacques Merceron, seigneur d'Ormoy en Valois, 24 août 1575.

Quentin (Jullien), bourgeois de Paris, 14 septembre 1596.

Fournier (Denise), sa femme, 1 octobre 1630.

Quentin (Estienne), leur fils, marchand de draps de soie, 23 février 1603.

Quentin (Jullien), leur (second) fils, conseiller du roy, trésorier de ses

[1] Son épitaphe et son monument sont actuellement dans l'église.

[2] Ff. *Mercure de France*, oct. 1741, p. 2181.

[3] Cette pierre tombale avec une épitaphe rehaussée se trouve au musée de Cluny, au pied de l'escalier de la chapelle n. 351.

[4] *S. d.* lisez : *sans date.*

vénories, thoilles de chasse et de fauconnerie, 14 mars 1633 (avec ses frères, sœurs et parents).

PIETRE (Anne), femme de Jean Riolan, docteur médecin, morte à trente-trois ans,.... 1596.

RIOLAN [1] (Jeanne), sa fille, femme Michel Francier, morte à vingt-deux ans, 2 août 1616.

SCHOMBERGK (Georges), allemand, mort à vingt-neuf ans,.... janvier 1557.

SAINTE MARTHE [2] (Louis de), septembre 1596.

SAINTE MARTHE (Scévole), noble homme, lieutenant général de la connétablie et maréchaussée de France, mort à cinquante-cinq ans, 25 septembre 1640.

TRISTAN (Nicolas), cinquante-neuf ans, 5 avril 1582.

TRISTAN (Eustache), son frère, *s. d.*

VASSÉ (Guillaume de), maître et marchand rôtisseur, bourgeois de Paris, 26 janvier 1550.

NAVRES (Denise), sa femme, 11 novembre 1558.

XVIIe siècle.

ALTIN (Jean Baptiste), conseiller au Châtelet, 14 juin 1640 [3].

BRUNET (Jacques), bourgeois, marchand de vins, 1 février 1614.

GROSSIN (Geneviève), sa femme,..... 1610.

CHÉNARD (Nicole), 2 octobre 1632.

FERRANT (Michel), prêtre, né à Olyus (Chartres), curé dudit lieu, chanoine de Brie, curé de Blizy (Troyes), 12 octobre 1614.

POUSSENNE (Jacques), *s. d.*

ROUSSEAU (Anselme), maître tailleur, bourgeois de Paris, 14 janvier 1624.

CARDINE (Michelle), sa première femme, 15 juin 1604.

LANGLOIS (Marie), sa deuxième femme, *s. d.*

Nous ne mentionnerons ici que trois monuments qui décoraient les charniers, les seuls qui nous soient parvenus de ce charnier autrefois si riche en épitaphes et en pierres tombales :

Le tableau votif représentant Nicolas de Bomont et sa nombreuse famille ; la pierre commémorative qui indiquait le lieu de la sépulture des prêtres de Saint-Séverin ; enfin, le monument élevé à Altin. Nous devons communication du bois de cette dernière représentation à la bienveillance du Ministre de l'Instruction publique, qui l'a fait exécuter pour le premier volume des *Inscriptions de la France* (I, 315), consacré à l'ancien diocèse de Paris.

[1] Célèbre médecin.

[2] Pour les personnes de la même famille, inhumées dans une sépulture de famille, on a adopté l'époque de la plus ancienne décédée ; ainsi J. Riolan appartiendrait au siècle suivant.

[3] Voir son épitaphe et son monument plus loin, p. 825.

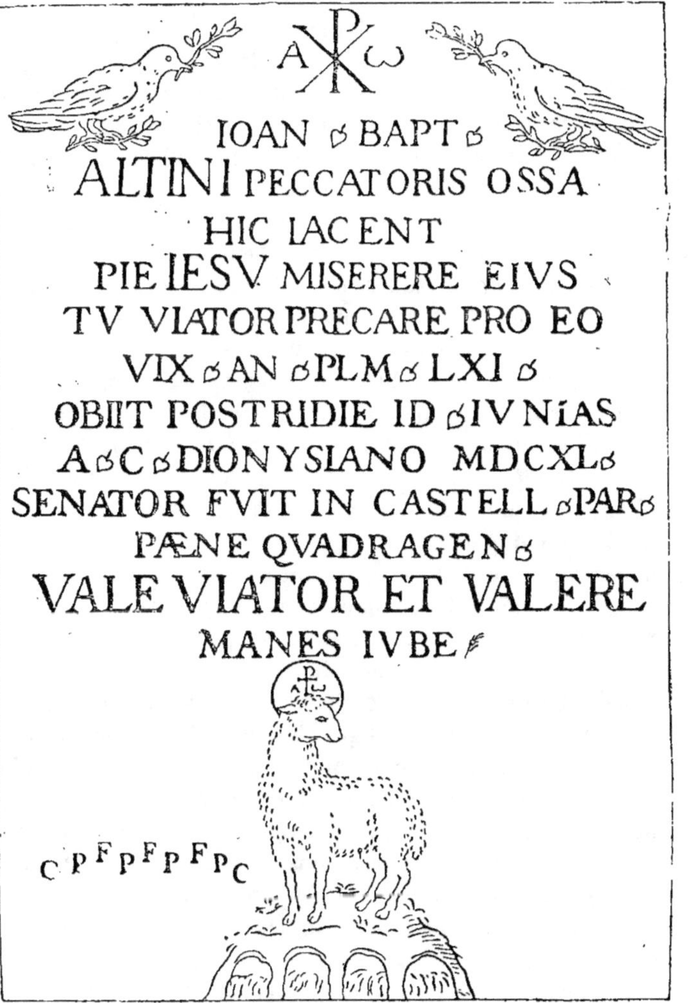
A ω
IOAN BAPT
ALTINI PECCATORIS OSSA
HIC IACENT
PIE IESV MISERERE EIVS
TV VIATOR PRECARE PRO EO
VIX AN PLM LXI
OBIIT POSTRIDIE ID IVNIAS
A C DIONYSIANO MDCXL
SENATOR FVIT IN CASTELL PAR
PÆNE QVADRAGEN
VALE VIATOR ET VALERE
MANES IVBE
C P F P F P F P C

La pierre encastrée dans la muraille de l'ancienne chapelle qui servait primitivement d'entrée aux charniers, étonne au premier abord par l'emploi des figures de la symbolique chrétienne et prête à un rapprochement assez singulier. En 1753, dans un jardin formé sur l'ancien cimetière Saint-Marcel, presque derrière l'église de Saint-Martin, on découvrit soixante-quatre cercueils chrétiens; un seul portait une inscription de la fin du ve siècle; cette inscription se trouve aujourd'hui encastrée, sous le n° 54, dans une des parois de l'escalier du cabinet des antiques de la Bibliothèque nationale et offre les mêmes symboles : les colombes, le monogramme du Christ, l'alpha et l'oméga; les intervalles des mots sont marqués par de petites feuilles qui paraissent de lierre. Le monogramme du Christ, formé de deux lettres grecques, le X et le P, tel qu'il figura depuis Constantin sur les enseignes impériales, se trouve dans les deux épitaphes. L'alpha et l'oméga, dont est accosté le monogramme, ont été désignés par le Christ lui-même comme le symbole de son éternité, ainsi que le proclame l'apôtre saint Jean : *Ego sum alpha et omega, primus et novissimus, principium et finis* [1]. Deux colombes affrontées y sont aussi figurées. C'est un des emblèmes qui se présentent le plus fréquemment sur les marbres des catacombes ou sur les mosaïques chrétiennes de Rome et sur les nombreux sarcophages chrétiens qui existent encore dans les provinces méridionales de la France. La colombe était un symbole de candeur, de pureté, d'innocence. Jésus, donnant à ses apôtres la mission d'évangéliser les nations, leur avait dit : *Soyez simples comme des colombes* [2]. La forme de la colombe n'est-elle pas celle des manifestations de l'Esprit-Saint, et ce type, plein de grâce, ne se retrouve-t-il pas sans cesse dans les textes que l'Eglise emprunte au cantique de Salomon pour les appliquer soit à la Vierge, soit à l'âme chrétienne? *Propera, amica mea, columba mea* [3]. Rappelons aussi que ce fut une colombe qui rapporta au patriarche Noé le vert feuillage, emblème de la réconciliation du ciel avec la terre, et qui souvent sur les tombeaux chrétiens tient au bec un rameau de laurier ou d'olivier.

Ainsi, à douze siècles de distance, nous retrouvons, sur l'épitaphe

[1] S. Jean, *Apocalypse*, cap. XXII, v. 13.
[2] Matth., cap. IV, v. 16.
[3] *Cant. Cant.*, cap. II, v. 10.

d'un conseiller au Châtelet de Paris, l'alpha et l'oméga, les colombes, le monogramme du Christ, que les premiers chrétiens gravaient sur les tombeaux de la nécropole de Saint-Marcel-lès-Paris. Ici, les deux colombes, qui accompagnent le chiffre divin, tiennent, comme celle du patriarche Noé, des branches d'olivier dans leurs becs ; elles ont aussi d'autres rameaux entre leurs pattes. Au-dessous du texte, l'Agneau mystique est figuré sur un tertre d'où jaillissent les sources des quatre fleuves du paradis terrestre : le Phison, le Géhon, le Tigre et l'Euphrate [1], symbole des quatre évangélistes. Le nimbe, dont le champ présente l'alpha, l'oméga et la croix surmontée de la lettre grecque P pour exprimer le nom du Christ, indique clairement que cet agneau est l'emblème de celui dont il a été dit par saint Jean le précurseur : *Ecce Agnus Dei, ecce qui tollit peccata mundi* [2]. A la droite de l'Agneau sont placés neuf lettres initiales, neuf consonnes, dont le sens n'a pas encore été expliqué par les personnes les plus versées dans l'étude des antiquités chrétiennes.

Les symboles, gravés au trait sur le marbre noir de Saint-Séverin se rencontrent fréquemment sculptés en relief sur les sarcophages qui proviennent des catacombes de Rome et sur ceux qui sont conservés dans quelques églises et dans plusieurs musées du midi de la France.

Au musée de Cluny, des plaques en cuivre doré, du XIIe siècle, qui paraissent avoir fait partie de la couverture d'un évangéliaire, représentent l'Agneau et les quatre fleuves, avec ces trois mots pour fixer le sens de l'allégorie :

CARNALES ACTVS TVLIT AGNVS HIC HOSTIA FACTUS
FONS PARADISIACVS PER FLVMINA QVATTVOR EXIT
HÆC QVADRIGA LEVIS TE CHRISTE PER OMNIA VEXIT.

Les quatre fleuves du paradis ont été considérés par la plupart des Pères et des commentateurs comme le symbole des quatre évangélistes, dont Jésus-Christ est la source et qui se sont répandus dans le monde entier. Saint Ambroise y voyait aussi l'emblème des quatre vertus cardinales : la Prudence, la Force, la Justice et la Tempérance [3].

[1] Genèse, cap. II, v.
[2] S. Joann., cap. I, v. 29.
[3] Voy. Antonio Bosio, *Roma Sotterranea*, édit. de 1632 ; Edouard Le Blant,

Le magistrat, dont nous avons sous les yeux l'épitaphe toute imprégnée d'archaïsme, [1] exerça pendant près de cinquante ans les fonctions de conseiller au Châtelet de Paris. Il vécut environ (*plus minus*), soixante et un ans, et mourut le lendemain des ides de juin, 14 juin de l'année 1640, *à computo dionysiano*, c'est-à-dire d'après le calcul de Denys surnommé le Petit, qui introduisit, au commencement du VIe siècle, l'usage d'établir la chronologie par les années écoulées depuis l'avènement de Jésus-Christ. La formule, plutôt païenne que chrétienne, qui termine l'inscription, a été employée sur un certain nombre de monuments funéraires de l'antiquité.

Sur un marbre noir scellé dans le mur du fond de l'arcade A, à l'entrée d'une partie des anciens charniers agrandie et convertie vers 1865 en salle de catéchisme, et attenante à la chapelle de la communion, se lit l'inscription destinée à rappeler le lieu de sépulture des prêtres de la paroisse.

Le petit monument de Nicolas de Bomont est intéressant à plus d'un titre par son antiquité relative, par son sujet et la perspective de la ville de Jérusalem, figure de la Jérusalem céleste, à laquelle nous a donné droit de cité la mort du Christ sur le Calvaire. Oublié dans le charnier, il dut à cette circonstance, vu son peu de volume, d'échapper à la destruction et de ne pas servir de matériaux de construction; il a été transféré dans l'église en 1842 et placé audessus de la porte de l'escalier de l'ancien trésor, à côté de l'entrée de la sacristie. L'épitaphe est surmontée d'un bas-relief qui représente le Christ en croix, la Vierge à sa droite, saint Jean l'Évangéliste à sa gauche, la ville de Jérusalem au fond, et au pied de la croix deux groupes de personnages agenouillés : Nicolas de Bomont à la droite, suivi de ses cinq fils; Robine de Cuyndel, à la gauche, suivie de dix filles. Il n'est pas rare de trouver, à cette époque, des familles de plus de dix enfants, sur les vitraux et sur les bas-reliefs funéraires. Le musée de Cluny possède la pierre tombale d'un nommé Bourgeois, mort en 1529 ; il est accompagné de ses neuf

Recueil des Inscriptions chrétiennes, et les divers traités publiés par le chevalier Rossi sur les découvertes par lui faites de nos jours dans les catacombes de Rome.

[1] *Bulletin archéologique*, publié par le Comité des arts et monuments, t. II, p. 619.

fils et sa femme de ses onze filles. Respectable encore, quoique moins nombreuse, était la famille parisienne de Jean Juvénal des Ursins, chancelier du roi Charles VI. Dans la chapelle de saint Rémy, depuis dite des Ursins, la troisième à gauche derrière le chœur, se trouvait un tableau votif, actuellement au musée de Versailles, où il était représenté avec Michelle de Vitry, sa femme, et onze de leurs seize enfants, 9 garçons et 2 filles. On pourait en rencontrer d'autres exemples sans sortir de Paris et de Saint-Séverin, si toutes les épitaphes nous étaient parvenues. Voici la légende gravée en caractères gothiques sur la pierre, qui mesure 0 m.08 de haut, sur 0 m. 72 de large, que l'exiguité du dessin ne permettrait pas de distinguer.

Cy gist honorable homme Nicolas de Bomont, en son vivant marchant et bourgeois de Paris qui trespassa le 18 jour de septèbre, mil v xl. Et Robine de Cuyndel sa femme, laquelle trespassa le 14 febvrier 1547. Prier Dieu pour eulx.

III. PIÈCES JUSTIFICATIVES.

I.

Littera de quadam domo, sita juxta caput ecclesiæ sancti Severini, tradita domini Dei Parisiensis, etc., [1]. (Décembre 1243.)

Universis presentes litteras inspecturis, G. [2], permissione divina Parisiensis ecclesiæ minister indignus, salutem in Domino. Attendentes onus fabrice ecclesie nostre Parisiensis, quo vigenti quinque libras Parisienses annui redditus Domui Dei Parisiensi, annis singulis, reddere tenebatur, domum quandam, sitam juxta caput ecclesiæ Sancti Severini Parisiensis, cum ejus pertinentiis, prout nobis vendita fuerat, in alleviationem predicti oneris, pro vigenti libris, predicte domui duximus assignandam. Quam assignationem dicte domus magister et fratres, necnon et rectores ca-

[1] B. Guérard. *Cartulaire de Notre-Dame de Paris*, t. III, n^{os} CCLVII-CCLIX, p. 209-210.

[2] Guillelmus III, dictus *Arvernus*.

nonici Parisienses, qui eidem ex parte capituli Parisiensis preerant, de assensu et beneplacito Parisiensis capituli, acceptantes, ab onere et debito viginti librarum Parisiensium absolvunt, nichil de cetero, nomine antedictarum viginti librarum annui redditus ab eadem fabrica petituri. Quid vero de feodo nostro predicta domus movere dinoscitur, concedimus predicte domui Dei Parisiensis, ut eam possit de cetero in manu mortua possidere; retinentes in ea nobis et successoribus nostris dominium, justitiam omnimodam et duos solidos censuales annuatim imposterum, in festo beati Remigii persolvendos, insuper et vendiciones, si eam de cetero vendi contigeret, vel alio modo quolibet alienari et extra manum ejusdem domus Dei quocunque modo poni. Sciendum est etiam quod de pretio supradicte domus est nobis per custodes antedicte fabrice plenarie satisfactum. In cujus rei testimonium, presentes litteras sigilli nostri munimine fecimus roborari. Datum anno Domini millesimo CC^{mm} quadragesimo tertio mense decembri.

Carta Guillelmi, Parisiensis episcopi, quâ, cum magister et fratres Domus Dei Parisienses assignationem ipsis factam, pro vigenti libris annui redditus, domus cujusdam, sitæ ad caput sancti Severini, sibi dicerent onerosam, vice ejusdem domus eis concedit dictus episcopus viginti libras, percipiendas annuatim ex transitu Sequanæ apud Confluentium quas ipse à Matthæo Bonifacii, matriculario, emerat... Sequitur instrumentum, quo Lucas decanus et capitulum Parisiense permutationem, in charta superiore expressam, confirmant, eodem anno et mense.

... Datum anno Domini millesimo CC° quadragesimo sexto, die sabbati post translacionem beati Benedicti. (14 jul. 1246.)

Guillelmus, Parisiensis episcopus, vendit in manu mortua abbati et conventui de Eschalleis, ordinis cisterciensis, pro quingentis libris Parisiensibus, censu annuo centum solidorum pro amortisatione et alio duodecim denariorum censu sibi retentis, domum cujus in charta superiore mentio fit, ab episcopo Norwicensi olim sibi venditum, et ad annuum redditum vigenti librarum estimatam; eo pacto, ut, si posteâ abbas et conventus prædicti eamdem domum alienare vellent, nulli eam venderent, quin priùs episcopo Parisiensi, eodem pretio, obtulissent.

... Actum et datum anno Domini MCCXLVI, mense julio. (jul. 1246).

II.

Rapport de la visite du gros œuvre contigu à la maison de M. Boisseau (22 février 1664)[1].

Par délibération du conseil de fabrique sont nommés pour procéder à la visite des bâtiments élevés depuis plusieurs années sur partie du charnier au pourtour du cimetière : « Simon de Lépine, maistre général des œuvres de neuf des massonneryes des bastiments du roy, ponts et chaussées de France; Antoine Guyot, conseiller du roy en ses conseils et maistre ordinaire de sa Chambre des comptes; Pierre Chandelier, advocat; Louis Collin, drapier, marguilliers, et agents comptables de l'œuvre et fabrique de l'église paroissiale et archipresbytérale de Saint-Séverin de cette ville. » Ces commissaires signalent le mauvais état des deuxième et troisième travées et trouvent que, « quand aux couvertures des autres charniers de ladite église; il convient faire rejointoyre avec dalles de lyais qui servent de couverture ».

Long et peu intéressant mémoire dont nous donnons seulement les conclusions. On ne paraît pas avoir donné de suite immédiatement à cette affaire, puisqu'elle fut reprise l'année suivante.

III.

Rapport de la visite des charniers et murs d'iceux contigus à la maison de M. Boisseau, contenant les réparations nécessaires à y faire (14 juillet 1665)[2].

L'an mil six cents soixante-cinq, le quatorziesme jour de juillet, du consentement et à la requeste verballe de messire Anthoine Guyet, conseiller du roy en ses conseils et maître ordinaire en la Chambre des comptes; et de maître Gervais Billard, advocat en parlement, marguilliers d'honneur de l'église parrochialle de Saint-Séverin en cette ville de Paris; maître Jean Duquesnoy, procureur

[1] Archives nationales, S. 3502.

[2] Archives nationales, S. 3505,3506.

au Chastellet, Pierre Coullon, bourgeois de Paris, marguilliers comptables de ladite église, nous Anthoine Bailly, juré du roi ès-œuvres de massonnerye, et Pierre Dubois, maistre masson à Paris, nous sommes transportés en et au dedans du cimetière de ladite église pour suivant l'intention des dits sieurs et marguilliers ès-dits, nous veoir et visiter les bastiments qui ont été faits de neuf et depuis quelques années au-dessus de partie des charniers au pourtour dudit cimetière pour cognoistre et faire rapport des deffaults qui sont ausdits bastiments et aux murs contre lesquels ils sont adossez et même aux voultes, murs de faces et pilliers boutants desdits charniers aux endroits ou lesdits bastiments sont eslevez sur deux charniers, donner avis de ce qu'il est nécessaire de faire lesdits deffauts et de ce que le sieur Boisseau procureur au parlement peut estre tenu de contribuer à la réfection susdits murs au droit où ils lui sont moitoyens. Auquel lieu estant auxdites fins, nous avons ledit jour, et autres suivants proceddé à la visitation desdits lieux et bastiments en question, et avons trouvé que le charnier qui est le long du mur sur la ruelle des prestres est fermé en sa face sur le cimetière par un mur en arcaddes pour les vitraux avec tremeaux de pierre de taille entre lesdites arcaddes et quatre pilliers boutans de pierre de taille au dehors œuvre de quatre desdits tremeaux, lesquels pilliers boutans sont en saillyes et advance dans le cimetière et dix huict à vingt pouces outre le dehors œuvre desdits tremeaux et portent encorbellement par hault aussi de dix-huict à vingt pouces en saillye et advance sur ledit cimetière plus que le devant de la teste desdits pilliers.

Plus, avons trouvé que ledit charnier est fermé par le dessus de cinq travées de voultes dogives faites de neuf depuis quelques années ; un bastiments eslevé d'un estage carré seulement, ledit bastiment distribué à un corridor le long du mur sur la ruelle des prestres et cinq chambres du costé du cimetière servantes au logement des prestres de ladite église saint Séverin, dont la première du bout vers la grande porte et principalle entrée de ladite église est fermée en sa face sur le cimetière d'un pan de bois eslevé sur le mur de face du charnier, et les quatre autres ensuite aussi fermées en leur dite face sur le cimetière d'un estage de pan de bois eslevé sur un cours de poietrails posés sur l'extrémité de la saillye des encorbellements qui sont au hault des quatre pilliers boutans devant déclarez, en sorte que les deux, trois et quatriesme chambres et partie de la cinquième qui sont en l'estendue du dessus des deux, trois, quatre et cinquième travée des susdites voultes font saillye en advance sur le susdit cimetière de trois pieds à trois pieds un quart outre le dehors œuvre du susdit mur de face du charnier.

Plus avons trouvé que pour la séparation desdites quatre chambres il a esté fait un mur de pignon et trois murs de refan, lesquels sont eslevés sur le travers des rains des susdites voultes d'ogives et non sur les arcqs doubleaux qui sont entr'icelles en sorte que les bouts desdits murs et l'estenduë de la saillye dessus déclarée portent sur le travers des sollives de ladite saillye, lesquelles ont leurs portées sur les susdits encorbellements et pilliers boutans avec thuiaux et manteaux de cheminées adossés contre ledit mur de pignon et contre deux desdits murs de refan, comme aussi avons trouvé que les rains des susdites voultes dogives ont été remplies de terre et gravois sur lesquels ont esté faict un aire de massonnerye pour servir de plancher ausdites chambre, et corridors sans aucunes sollives, fors et à la réserve de ce qui est en saillye sur le cimetière où il y a deux sollives ainsi qu'il est dit cy dessus.

Après avoir considéré que les susdites voultes sont dès à présent fractionnées et entr'ouvertes par la charge et pesanteur des susdits murs de refan, et des thuiaux et manteaux de cheminée qui sont adossés contre iceux à cause que lesdits murs se sont portés à faux sur le travers des rains dicelles voultes et des travées de planches qui sont en saillyes sur le cimetière, et que par succession de temps ladite charge et pesanteur pourra escrazer et faire périr lesdites voultes comme sont les antiennes dont sera fait état cy-après. Notre avis est qu'il convient faire abbattre et demoslir les thuiaux et manteaux de cheminées qui sont adossés contre lesdits murs de refan, ensemble iceux murs de refan, et les cinq travées de voultes dogives sur lesquelz ils sont eslevez et les quatre pilliers boutans qui sont au dehors œuvre du mur de face du charnier, pour ce fait refaire de neuf lesdits pilliers boutans avec quartiers de bonne pierre de taille dure et bonnes liaisons, car les unes sur les autres et avec les travaux du mur de face dudit charnier et de telle longueur et advance dans le cimetière que le parement de la teste d'iceux soit au moins de deux à trois pouces en advant dans ledit cimetière outre l'aplomb du dehors œuvre des poitrails qui portent le pan de bois en saillye, afin que lesdits poitrails soient entièrement portés sur le corps desdits pilliers, et non sur encorbellements en saillye au hault d'iceux comme ils sont à présent, faire aussi fonder lesdits pilliers boutans jusques sur le bon et vif fonds avec bons libages et moillons durs et mortiers de chaux et sable avec empattements suffisants tant en leurs testes qu'en leurs costés pour la solidité de l'ouvrage.

Plus faire mettre une poultre entre la première et seconde travée des susdites voultes pour porter le mur de pignon quy est eslevé audit endroit, lequel ne sera desmoly, laquelle poultre sera de treize et quatorze pouces de gros et de la longueur qu'il conviendra pour avoir sa portée d'un bout dans le mur sur la ruelle des prestres, et de l'autre sur le pillier boutant qui sera fait audit endroit laquelle aboutira contre le dedans œuvre de poitrail qui porte le pan de bois en saillye dont est fait déclaration cy-dessus.

Plus faire mettre trois autres poultres au droit des trois autres pilliers boutans qui soient chacune de douze pouces de gros et de la longueur nécessaire pour porter d'un bout sur ledit mur sur la ruelle des prestres, et de l'autre bout sur lesdits pilliers boutans jusque contre le dedans œuvre des susdits poitrails qui portent le pan de bois en saillye, et sur scellés faire eslever trois cloisons de massonnerye et charpenterie pour séparer les chambres l'une de l'autre, au lieu des trois murs de réfan qui y sont à présent, et faire addosser contre lesdites cloisons les thuiaux et manteaux de cheminées qui sont contre lesdits murs avec cette précaution qu'il n'y ayt point de poteaux ausdites cloisons au droit de l'addossement des manteaux de cheminées ains seulement une languette de massonnerie avecq une charge de massonnerye d'espesseur suffisante sur les sablières qui passeront au derrière desdits manteaux pour éviter l'accident du feu, comme aussy faire un plancher de massonnerie et charpenterie qui sera ruyné, tamponné, chargé par dessus et latté et recouvert par dessoubz avecq sollives de cinq et sept pouces de gros, et des longueurs nécessaires pour porter sur lesdites poultres et les dites sollives espassées tant plein que vuide, en toute l'estenduë des dites cinq travées au lieu avec cinq travées de voultes qui y sont à présent afin de descharger, tant le mur de face sur la ruelle des prestres que le mur de face sur le cimetière de la poussée des dites voultes quy les pouvait faire périr par succession de temps comme elles commencent de faire dès à présent, n'estant lesdits murs d'espoisseur ny qualité suffisante de résister à ladite poussée, auquel plancher sera observé les enchevêtrures nécessaires pour les manteaux de cheminées, et outre ce faire mettre à chacun bout des susdits quatre poultres un encre et un tiran de fer pour lier et entretenir l'un avecq l'autre desdits murs de face sur la ruelle et sur le cimetière.

Plus avons trouvé que le charnier en retour qui est adossé contre le mur mitoyen a monsieur Boisseau et mur mitoyen de la maison de la communauté depuis le susdit mur sur la ruelle des prestres jusques au passage qui va du cimetière à la rue de la Parcheminerye est couvert de cinq travées d'antiennes voultes dogives touttes escrazées, et ruynées, la plupart des pieres des arcqs doubleaux et dogives, estant cassées, et lesdites voultes en péril éminent de sorte qu'elles ne subsistent que par le moyen des cintres de charpenterye que l'on a fait faire depuis quelque temps au dessous d'icelles en toute la susdite estenduë pour les soustenir et en empescher la chutte, et les accidents qu'elle aurait peu causer.

Plus avons trouvé qu'il y a l'une des dites cinq travées dudit charnier qui est dans l'angle au bout du charnier devant déclaré et que les quatre autres travées ont leurs faces sur le cimetière en retour dudit charnier devant déclaré, et sont fermées en leur dite face d'un mur de vitrails et arcadde, dont les deux premières travées sont garnyes de deux pilliers boutans de pareilles advances et saillyes dans le cimetière que les autres cy devant déclarées et encorbellement par hault aussy de pareilles saillyes que lesdits autres encorbellements, et les deux travées ensuitte au bout vers le passage de la rue de la Parcheminerye garnyes de deux autres pilliers boutans pareillement en advance dans ledit cimetière, mais sans aucuns encorbellements au hault d'iceulx, lesquels pilliers boutans ensemble les deux autres précédents sont desversés et penchant en dehors sur ledit cimetière.

Plus avons trouvé qu'au dessus dudit charnier dernier déclaré en l'estenduë desdites cinq travées d'antiennes voultes il a été fait et construit depuis quelques années un bastiment neuf eslevé d'un estage carré, et un estage en galletas au dessus appliqué à un coridor et quatre chambres à chaque estage servant aussi au logement des prestres de la dite église, et que pour faire la séparation des dites chambres il a esté fait et eslevé sur lesdites voultes cinq murs de refan dont le deuxiesme du bout vers l'angle des deux charniers est levé à faux sur les rains de la troisiesme travée dudit bout et les quatre autres sur les arcqs doubleaux qui séparent les travaux d'icelles voultes l'une de l'autre, et que contre lesdits murs de refan sont addossés les thuiaux et les manteaux de cheminées servant ausdites chambres, comme aussy avons trouvé que les rains desdites cinq travées d'antiennes voultes lors de la construction dudit bastiment ont esté remplyes de terres et gravois et sur iceux fait un aire de plastre pour servir de plancher au premier estage d'icely bastiment, la charge et pesanteur desquels et celle des murs de refan levés sur lesdites voultes ensemble celle des thuiaux et manteaux de cheminée qui sont addossés contre lesdits murs estant venuës à charge sur lesdites voultes la poussée desquelles n'est retenue que des susdits pilliers boutans quy ne sont de longueur suffisante de résister à la dite poussée à cause de la grande charge qui est sur lesdites voultes, icelles voultes se sont escrazées sous ledit fardeau, et ont poussé et fait déverser lesdits pilliers boutans et mur de face du charnier comme ils sont à présent.

Plus avons trouvé que ledit bastiment fait et construit au dessus desdites cinq travées d'antiennes voultes est fermé en sa face sur le cimetière d'un pan de bois eslevé d'un estage carré et un exaussement au dessus lequel pan de bois en l'estendue des deux travées du bout à l'angle des deux charniers est levé sur deux portails posez sur le bout de la saillye des encorbellements qui sont au haut des deux pilliers boutans d'icelles deux travées, et résidu dudit pan de bois en l'estenduë des deux autres travées du bout joignant le passage de la rue de la Parcheminerye levé sur deux autres poitrails posés sur le corps des deux pilliers boutans qui sont en la dite estenduë, lesquels quatre poitrails sont pouris et cassez et ne subsistent qu'au moyen des estays dont ils sont soutenus par dedans le cimetière, comme aussy avons trouvé que le mur contre lequel est addossé ledit bastiment tant au droit où il est mitoyen à monsieur Boisseau, qu'au droit de la maison de la communauté est excessivement déversé et penchant du costé et sur les dites maisons par grande vieillesse et caducité des ans précédant la construction, tant desdits bastiments que de ladite maison d'iceluy sieur Boisseau, aussi rebastie de neuf depuis quelques années.

Après avoir veu et considéré l'estat dudit bastiment qui est en péril et ne pourroit subsister n'estoit la ceinture de charpenterye et estages dont il est soustenu, nostre advis que pour réparer les dits deffaults et mettre le dit bastiment en estat de subsister il convient et est nécessaire de faire estayer et chevaller tant les pans de bois de face d'icceluy bastiment que les murs de refan dont il est séparé en sa longueur, ce fait, faire desmolir les deux pilliers boutans qui sont à la face du charnier en l'estenduë des deux travées du bout à l'angle du charnier premier déclaré pour les refaire de neuf avecq quartiers de bonnes pierres de taille et bonnes liaisons les uns sur les autres, et avecq le mur de face du charnier, et iceux alonger au dedans du cimetière jusques à deux à trois pouces, outre l'aplomb de dehors œuvre de la saillye du pan de bois au dessus, en sorte que les poitrails sur lesquels ledit pan de bois est eslevé soient antièrement portés sur le corps desdits pilliers et non plus sur encorbellement en saillyes comme ils sont à présent, faire faire la fondation soubz lesdits pilliers jusque sur bon et vif fonds avecq bons libages, et moillons durs et mortier de chaux et sable, et empattement suffisant, tant à la face, qu'aux costes d'iceux, et ce faisant faire mettre deux poitrails neufs et l'estenduë des dittes deux travées, et deux aûtres en l'estenduë des deux autres travées joignant le passage de la rue de la Parcheminerye au lieu de ceux quy y sont qui sont pourris et cassez et de nulle valleur, et que soubs chacun des dits poitrails et soubs chacun de ceux des autres travées du vieil charnier ensuite, il soit mis deux liens de bois quy ayent leurs abouts par bas contre les costières des pilliers boutans afin de descharger d'autant plus que faire se pourra la portée d'iceux poitrails et empescher qu'ils ne se cassent comme ont fait ceux quy sont à présent aux quatre travées devant déclarées.

Plus faire abbattre et démolir le mur de refan quy est à présent à faux sur les ruines de la troisiesme travée des susdites voultes ensemble les thuiaux et manteaux de cheminées qui sont addossées contre ledit mur, et au lieu d'iceluy faire faire une cloison de massonnerye et de charpenterie quy soit posée non sur le vuidde de ladite travée, comme est à présent ledit mur, mais au droit du pillier boutan d'entre icelle et la seconde travée, laquelle cloison sera eslevée sur une poultre quy à cette fin sera posée audit endroit de douze pouces de grosseur, et de longueur convenable pour avoir sa portée d'un bout dans le mur de la maison de la communauté au mur mitoyen à monsieur Boisseau, et de l'autre bout sur le pillier boutan qui sera fait audit endroit de la fasson et manière devant déclarée, et faire aussy les thuiaux et manteaux de cheminées contre ladite cloison. Observer qu'il n'y ait point de poteaux à icelle au droit de l'adossement desdits manteaux de cheminées, et qu'il y ayt charge de massonnerye suffisante sur les sablières aux endroits où elles passeront au derrière d'iceux manteaux pour éviter l'accident du feu.

Plus faire mettre par soubz œuvre soubs les quatre autres murs de refan dudit bastiment quatre poutres, chacune de treize à quatorze pouces de gros, dont la première qui sera mise sous l'un des dits murs entre la première et seconde travée du bout à l'angle de deux charniers aura sa portée d'un bout dans le mur mitoyen à monsieur Boisseau, et de l'autre sur le bout du mur de face du charnier premier déclaré, et les trois autres qui seront mises soubs les trois autres murs de refan, auront leurs portées d'un bout dans ledit mur mitoyen audit sieur Boisseau et dans le mur de la maison de la communauté, et par l'autre bout sur les pilliers boutans qui se rencontreront ausdits endroits à chacun bout desquelles poultres sera mis un encre et un tiran de fer pour entretenir lesdits murs et pilliers boutans l'un avecq l'autre, et faire plus longuement subsister ledit bastiment, et ce fait faire abbattre et démolir les susdites cinq travées d'antiennes voultes, envoyer aux champs les terres et gravois qui sont tant sur lesdites voultes, que sur les autres premières déclarées, et au lieu d'icelles cinq travées de voultes faire un plancher de cinq travées de sollives de bois de brin de cinq et sept pouces de gros espaciés tant plein que vuide, posées sur les poultres qui seront mises en ladite estenduë, lequel plancher sera ruysné, tamponné, hourdé entre les sollives, chargé par dessus et latté et couvert par dessoubs. Ce que nous jugeons estre beaucoup plus utile que les dites voultes, attendu que lesdits planchers quy n'ont point de poussée ains ont leur portée à plomb, travailleront beaucoup moins les murs que ne font lesdites voultes, qui ont leurs poussées contre iceux et les ont fait déverser et corrompus en l'estat qu'ils sont, ausquels planchers seront observées les enchevestrures nécessaires pour les autres dits manteaux et cheminées.

Plus est nostre advis que pour solidement porter la saillye des susdits pands de bois de face desdits deux bastiments dans l'angle où ils se joignent l'un à l'autre, il convient faire mettre soubs ladite saillye un poitrail en eschiquier quy ayt sa portée sur les deux murs d'arcaddes qui forment ledit angle, faire mettre soubs le milieu dudit poitrail pour la descharge d'iceluy un racinal et un lieu au dessoubs quy ayent leurs portées dans le corps du tremeau quy est a iceluy angle pour porter et soutenir ladite saillye plus solidement qu'icelle n'est à présent. Comme aussi avons trouvé que pour conserver les pands de bois de tous lesdits bastiments neufs devant déclarés, et ceux des vieils bastiments ensuitte tant sur que au delà du pauage de la rue de la Parcheminerye, il convient faire latter et couvrir de plastre le dehors œuvre de tous lesdits pands de bois pour empescher que les eaux pluvialles ne pourrissent les poitrails sablières et poteaux d'iceux comme elles tout à présent, et à l'esgard du mur contre lequelle charnier dernier déclaré est adossé en toutte son estenduë tant au droit de la maison de la communauté, qu'au droit où il est mitoyen à monsieur Boisseau, avons trouvé qu'il le convient refaire entièrement neuf en sont ladite estendue et depuis sa bonne fondation en amont, scavoir en ladite estenduë où il est moitoyen audit sieur Boisseau, aux frais et despens commeungs tant de luy que desdits sieurs marguillers esdits noms chacun pour moityé selon son heberge faisant estayer et restablir chacun de son costé attendu que les deffauts quy y sont proviennent de la vieillesse et caducité de an précédent la construction de l'un et l'autre desdits bastiments ainsy qu'il est dit en dessus, et le surplus au droit de la susdite maison de la communaulté aux frais et despens d'iceux sieurs marguilliers es dits noms attendu, que l'héritage de part et d'autre dudit mur leur appartient, et quant au mur d'aboutissant de ladite maison de la communaulté quy fait aussy l'aboutissant de celle dudit sieur Boisseau auquel il est mitoyen avons trouvé qu'il est fort penchant, bouclé et corompu et mesme esboullé en partie et son espesseur par le costé de ladite communaulté au sujet de quoy il le convient refaire de neuf, depuis sa bonne fondation en amont jusques où il se pourra recueillir, si recueillir se peult, le tout aux frais et despens commungs des parties, chacun pour moityé selon son héberge faisant estayer et restablir chacun de son costé. Comme aussy avons trouvé que la couverture de thuilles en appenty sur les bastiments neufs esleves sur les charniers dudit costé de la maison de la communaulté et celles en appenty sur la chambre des enfans de cœur est par trop platte pour l'escoullement des eaux quy fait que les vents font regorger lesdites eaux par dessoubs les thuilles et ensuitte tomber dans les chambres au dessoubs, ce qui rend l'habitation desdites chambres fort incommodes aux temps de pluyes, à quoy il convient remédier et pour ce faire remanier ladite couverture et les bois desdits appentis pour leur donner plus de reddeur et à cet effet eslever le mur neuf à la haulteur nécessaire pour le rehaussement desdits bois.

Ce que nous certiffions véritable, tesmoin nos seings cy mis les jours et an dessus dits.

Bailly, Duboys, Goujon.

En marge : Il a esté payé par le dit sieur Duquesnay la somme de cinq cents livres pour les vacations desdits experts y compris pour la présente grosse.

IV.

Rapport d s sieurs Fauvre et Bornat de la visite des charniers et bastiments au-dessus (29 avril 1674)[1].

L'an mil six cents soixante-quatorze, le dimanche vingt-neufviesme jour d'avril, nous Pierre Fauvre, conseiller du roy et refférandaire de la chancellerie de Paris, et Jacques Bornat, architecte et bourgeois de Paris, à la réquisition et prière de messires Le Doux des Meunevilles, conseiller du roy en ses conseils et en sa cour de Parlement de Paris; de Fontenay, advocat audit parlement; Hersant, marchand drapier, bourgeois de Paris; Boisseau, procureur au parlement, marguilliers de l'œuvre et fabrique de l'église archi-presbytéralle et paroissialle de Saint Séverin, nous nous sommes transportés cejourd'huy, dix heures du matin au bureau de lad. fabrique où estant lesdits sieurs marguilliers nous auraient dit que désirant faire restablir un corps de bastiments servant au logement des presbtres de la communauté de ladite paroisse, ils nous auraint (*sic*) fait prier de nous trouver ce jourdhui au bureau pour avoir nostre advis sur ce qu'il y aurait à faire aux dits bastiments, qu'ils nous prioint de les visiter et de leur donner par escript notre raport de l'estat desdits

1 Archives nationales, S. 3505-3506.

bastiments et de ce qu'il conviendroit faire pour empescher la ruine et si les voultes d'ogives des charniers au dessoubs du corps dudit bastiment pouvoint subsister en l'estant qu'elles sont maintenant et ostant les ceintures de charpenteries qui portent les arcs doubleaux d'y celles. Pour satisfaire auxquelles réquisitions nous nous serions sur l'heure même transportés en présence desdits sieurs de Fontenay, Hersant et Boisseau sur les lieux, et ayant considéré l'état d'iceux, avons trouvé :

Premièrement que sur les murs et voultes des charniers il est eslevé un corps de bastiments, des pands de bois dont partie fait saillie sur le cimetière de ladite église de trois pieds ou environ qui est portée sur des corbeaux de pierre de taille sur lesquels sont pansez des racinneaux portants ledit corps de bastiment, lesquels sont estayés du costé dudit cimetière, ainsy que le pand de bois de l'ancien corps de bastiment pour soulager le poitrail qui est cassé, et après avoir fait plommer lesdits pilliers bouttants dudit charnier portant ces dits encorbellements et le corps de bastiments avons trouvé que deux d'iceux surplomment de leur haulteur de deux poulces ou environ et que celui de l'encoigneure dans l'angle est à son plomb, le surplus au-dessus d'iceux ne nous estants parus surplomer.

Plus avons considéré les voultes d'ogives dud. charnier par le dessoubz d'icelles et avons remarqué que quelques-unes des ogives sont tombées, ne nous estant apparu que depuis le rétablissement qui a été faict des ouvertures et fractions d'icelles lors de la construction dudit bastiment il s'y estoit fait aucunes qui sont considérables.

Plus avons vu l'estat des planchers et desdits bastiments estant au-dessus des dites voultes lesquelles avons trouvé estre de différentes haulteurs, les anciens estant neuf à dix poulces plus hautes que ceux qui ont estés depuis faits.

Toutes lesquelles choses par nous examinées, notre advis est que les dits bastiments subsisteront encore un très long temps en l'estat qu'ils sont, faisant soubstenir le corps de bastiment saillant du costé dudit cimetière par trois pilliers bouttants qui seront construits à l'abboutissant et joignant ceux des dits charniers portant les dits encorbellements, scavoir : deux sur la face qui regarde l'église et un autre au retour d'esquaire de la dite face. Lesquels pilliers seront construits de la largeur de la saillie des dits bastiments fondés sur pillotis battus *à la sonnette* jusqu'à ressade d'icelle, si faire se peut de deux toises de long, de huit à neuf poulces en couronne sur les quels pilotis seront pausées des plates formes de bois de chesne et sur icelles érigée une fondation de libage esmilléz et ébousinez pausez en liaison les uns sur les arcs en terre et en tallus jusqu'au rez de chaussez avec un empâtement de trois poulces de chacun costé massonné avec chaux et sable, ladite fondation de six à sept poulces de bas au dessus desquelles fondations seront érigés les dits pilliers bouttants avec bonnes pierres de taille d'Arcueil pausées en liaison les unes sur les autres avec les arrachements dans les anciens pilliers pour faire liaison des unes avec les autres et seront observées des retraittes à la teste des dits pilliers, à sçavoir aux deux premières assises, à une autre au dessus de la quatrième assise, pour servir d'empâtement et construisant les dits bastiments sur les quels pilliers seront pausez deux poitraux neufs de treize à quatorze poulces de gros, pour porter la cage du dit bastiment, sçavoir, un sur la face regardant l'église et l'autre sur le retour d'esquaire pour soulager le bout desquels poitraux en sera mis un autre en diagonalle endroit de l'angle qui portera de vers l'autre costé sur arc de deux pilliers et seront les dits deux poitraux à l'endroit dudit angle assemblez doubles à tenons et mortaises et sur iceux seront pausez des solives de bois de chesne des longueurs nécessaires de cinq à sept poulces de gros mises sur le chan, et sous chacun des murs de refand sera mis une poutrelle de douze poulces de gros pour soulager les voultes dudit charnier par un fau plancher dans lequel seront observez les chenaistres des aîtres des autres dites cheminées aux lieux qu'elles sont à présent establies, lequel plancher sera mis de niveau par le dessus prest a recevoir la latte jointée, ourdée par dessus avec plastre pur et le quarrau desdits planchers qui sera de terre cuite à six pands, et à l'endroit du coridor de grand carreau de mesme qualité et pour plus grande stabilité des dits ouvrages, notre advis est qu'il soit à l'endroit des arcs doublaux des tirans de fer passants au travers des gros murs avec des ancres aux deux bouts et mis des harpons de distance en distance, aux solives qui seront scellées dans les murs d'un bout et chevillées avec chevilles de fer de l'autre sur les poitraux, lesquels rétablissements ainsy faits mettront les dits bastiments en toute seureté et en estat de durer très longtemps et quand aux ogives des voultes dudit charnier, notre advis est, que l'on peut lesdits ouvrages ci-dessus faits, oster la charpenterie qui est de présent sur les dits arcs doubleaux et faire le rétablissement des ogives rompues sans aucuns risques, ce que nous certifions véritable.

Signé : FAUVRE. BORNAT.

V.

Rapport du sieur Convert de la visite des charniers et bâtiments au-dessus (2 juin 1674) [1].

L'an mil six cents soixante et quatorze, le deuxiesme jour de juin, par l'ordre de monsieur le curé de S. Séverin je Pierre Conmers m^{re} masson à Paris, veü et visité les charniers de l'esglise de S. Séverin et les appartements des prestres de la communauté au dessus desd. charniers pour voir et dire mon avis, sur les murs, fondations et voultes desd. charniers, ou estant en la présence de mond. sieur le curé ai trouvé que le mur des dits charniers et et les pilliers bouttans n'est fondé sur la bonne fondation, estant posé sur des terres *jettisses* [2], construit néant-moins avec de bons matereaux de moilon et de bon mortier, auquel mur il y a deux pilliers bouttans, lesquels le surploment et au-dessus lesd. pilliers il y a esté mis deux assises de pierre de taille dure, portant encorbellements pour porter le poitrail en saillie, de deux pieds ou environ, avec un *racinal* de bois au-dessus portant en encorbellement recouvert de plastre, lesquels susd. pierres d'encorbellements sont posée au dessus de petites pierres tendres de S. Leu, mal liaisonnée dans les murs desd. charniers. Donc la cause que les voultes souvre au droit de la clef, et partie des ogives tombée, vient de ce que lesd. pierres d'encorbellement ont trop de saillis, y ayant aussy des murs de refant portant des cheminées des deux costés, sur chacun des arcs doubleaux des voultes desd. charniers, lesquels murs sont coupez en deux endroits, sçavoir au droit des cheminées lesquels sont prises dans lespoisseur des murs, et aussi le passage du *colidor* est entièrement coupé, si bien que le mur est de toute son espoisseur

[1] Archives nationales, S. 3505.
[2] Rapportées?

sur la saillie et au-dessus de la clef des d. voultes qui n'avoient été fait pour porter lesd. murs et n'avoir aucune charge, en telle sorte que lesd. murs estant construit de fasson, il est indubitable et aisé à juger que les d. murs n'ont pas tant de consistance et charge davantage sur lesd. voultes, et arcs doublaux, et de plus pousse en dehors œuvres, ce qui nempescheroit la poussée quand mesme lesd. murs seroient sur un solide où il n'y aurait point de voultes au dessous, y ayant une saillie semblable, qui de loy tire en dehors.

Pour porter le remède à tout ces manquements, mon avis est qu'il soit fait au droit de chacun desd. pilliers bouttans, où est la saillis, une bonne reprise jusque sur la bonne fondation, avec de bons quartiers de libages picqué posé avec bon mortier de chaux et sable et ce depuis la plomb du devant du poitrail en saillis et deux pieds de plus pour l'empattements deux. La fondation eslevée avec retraite de quatre pouces de distance en distance jusqu'au rez de chaussez, auquel rez de chaussez sera mis de bonne pierre d'Arcueil bien liaisonnez dans le corps du mur jusque au dessoubs du poitrail, au lieu de toutes les petite pierre de Saint Leu qui y sont à présent, le tout eslevé avec bon fruit, come aussy mettre une bonne chesne de fer servant de tirans au dessous dud. mur de refant, et sur la voulte avec de bons ancres de fer, tant au mur de fasce sur le cimetière et dans le mur de refant de laboutissant laquelle chesne de fer servira pour empescher la poussez desd. voultes et surcharge desd. murs. De tout ce que dessus est mon avis par moy soubsigné les jours et an que dessus.

P. Convers.

Payé pour ce six livres aud. s[r] Convers le dimanche 10 juin 1674 par délibération de la fabrique.

L'abbé Valentin DUFOUR.

7655. — Paris. F. Levé, imprimeur de l'Archevêché, rue Cassette, 17.

Paris. — F. Levé, imprimeur de l'Archevêché, rue Cassette, [illegible]

www.ingramcontent.com/pod-product-compliance
Lightning Source LLC
LaVergne TN
LVHW020627110826
845149LV00004B/1065

* 9 7 8 2 0 1 9 6 0 8 3 3 0 *